LA GRANDE CHARTREUSE

AVEC CINQ NOUVELLES VUES

DESSINÉES D'APRÈS NATURE ET LITHOGRAPHIÉES

PAR CHAMPIN.

SE VEND AU PROFIT D'UNE SALLE D'ASILE DESTINÉE A L'ENFANCE ET A LA VIEILLESSE.

Cette Notice sert d'introduction à l'ouvrage intitulé : *Excursion à la Grande Chartreuse*, composé de 36 vues dessinées d'après nature par M. CHAMPIN, et publiées par MM. Rittner et Goupil, éditeurs.

A PARIS,
CHEZ MM. RITTNER ET GOUPIL, ÉDITEURS,
BOULEVART MONTMARTRE, 15.

1839.

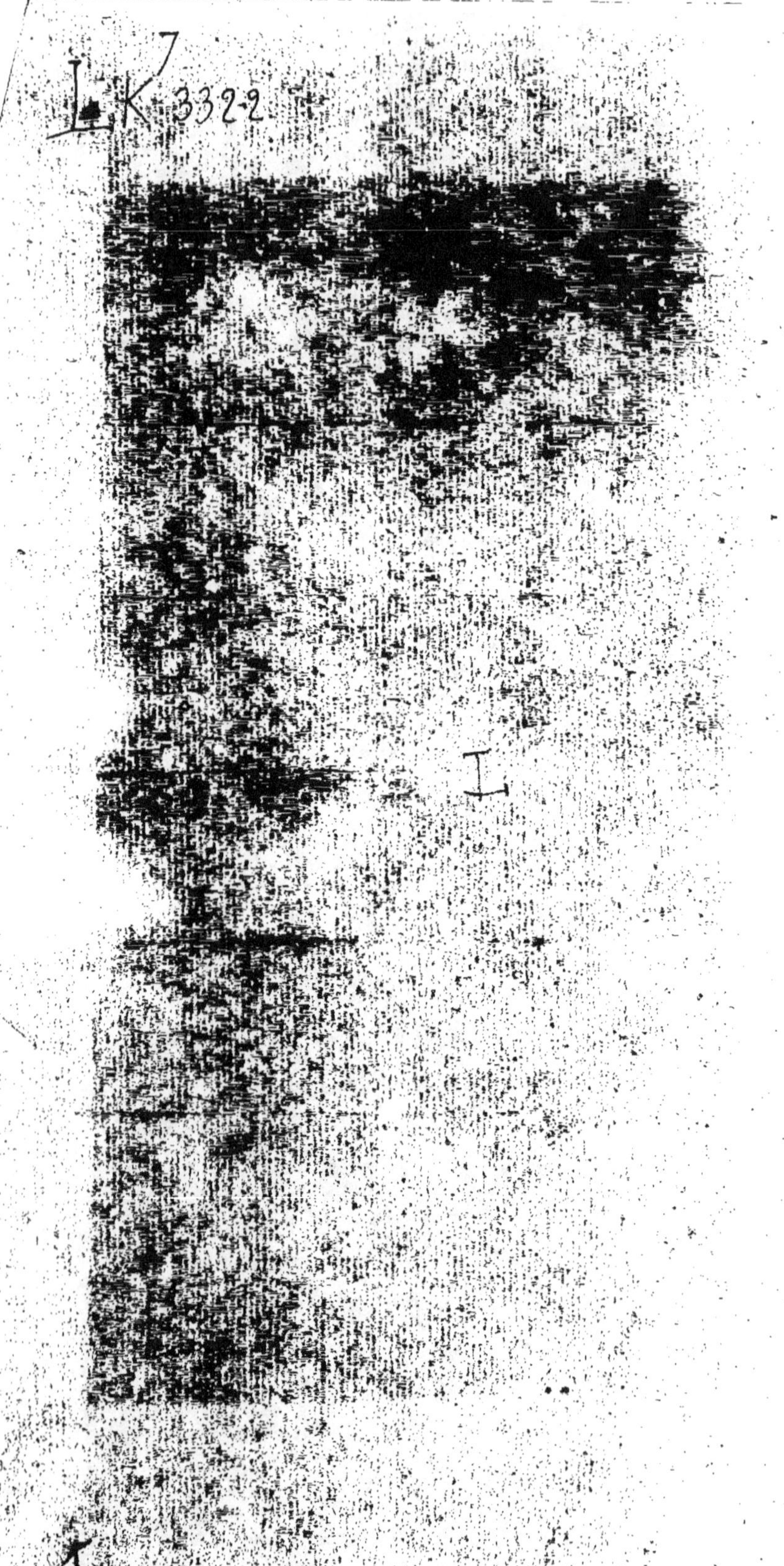

NOTICE HISTORIQUE

SUR

LA GRANDE CHARTREUSE.

NOTICE HISTORIQUE

SUR

LA GRANDE CHARTREUSE,

AVEC CINQ NOUVELLES VUES

DESSINÉES D'APRÈS NATURE ET LITHOGRAPHIÉES

PAR CHAMPIN,

SE VEND AU PROFIT D'UNE SALLE D'ASILE DESTINÉE A L'ENFANCE ET A LA VIEILLESSE.

(par Félix Crozet)

Cette Notice sert d'introduction à l'ouvrage de M. Champin, intitulé: *Excursion à la Grande Chartreuse*, composé de 36 vues, dessinées d'après nature et publiées par MM. Rittner et Goupil, éditeurs.

A PARIS,

CHEZ MM. RITTNER ET GOUPIL, ÉDITEURS,

BOULEVART MONTMARTRE, 15.

1839.

IMPRIMERIE DE A. HENRY,
rue Git-le-Cœur, 8.

NOTICE HISTORIQUE

SUR

LA GRANDE CHARTREUSE.*

A mon ami Mr Champin.

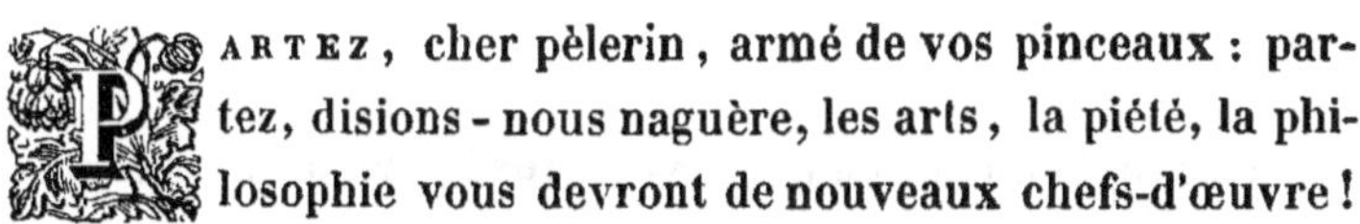

PARTEZ, cher pèlerin, armé de vos pinceaux : partez, disions-nous naguère, les arts, la piété, la philosophie vous devront de nouveaux chefs-d'œuvre !

Votre tâche est remplie......... vous avez mis sous nos yeux les principales merveilles du désert de Saint-Bruno, et si Lesueur a peint autrefois d'après la tradition, vous avez

* Cette Notice, tribut de l'amitié, sert d'introduction à l'ouvrage de M. Champin, intitulé : *Excursion à la Grande Chartreuse*, composé de 36 vues dessinées d'après nature. L'indication des planches annonce le sujet des vues du grand ouvrage.

dessiné d'après nature. Chaque siècle a son esprit particulier et porte avec lui ses avantages : profitons des progrès de notre temps sans oublier le passé, afin de les faire concourir ensemble à notre sagesse, à notre bonheur !

Les ordres religieux ont eu pour but la perfection évangélique : leur histoire, à cet égard, est aussi instructive qu'édifiante. On ne saurait lire sans émotion et sans fruit les Règles de saint Basile, de saint Benoît, de saint Bernard, de saint Vincent-de-Paule et les pieuses extases de sainte Thérèse, qui, entraînée par le sentiment plus encore que par l'imagination, enviait le sort de la lampe brûlant sans interruption devant l'autel du Seigneur! Si, dans des temps malheureux, des ordres ont eu besoin d'être rappelés à leur règle, si des abus, même graves, s'y sont quelquefois introduits, il faut déplorer ce triste résultat de la faiblesse humaine, sans perdre de vue les succès obtenus, notre sol défriché, nos langues enrichies, les livres anciens conservés ou reproduits, et l'Evangile répandu partout avec le goût des lettres et l'amour de la vertu.

Vers la fin du onzième siècle (en 1084) Bruno et ses compagnons s'établirent dans le désert de Chartreuse, sous les auspices d'Hugues, évêque de Grenoble : la propriété leur fut assurée par une donation authentique consentie par les divers propriétaires et publiée dans l'église de Grenoble, le 5 des ides de décembre 1084 : « Nous avons jugé bon, porte l'acte, » nous esclaves du péché, de nous racheter des mains de » la mort et de changer les biens temporels pour les biens

» célestes. » *Bonum judicavimus nos peccati servos de manu mortis redimere, temporalia pro cœlestibus mutare.*

Des auteurs ont raconté les prodiges qui signalèrent, dit-on, la vocation et l'établissement des Chartreux. L'un d'eux, M. Corbin, conseiller du Roi, avocat en parlement, dans son *Histoire sacrée de l'ordre des Chartreux et du très-illustre saint Bruno, leur patriarche,* publiée en 1653, cite, à l'appui de la tradition concernant le docteur Diocrès, soixante-dix-huit ouvrages, dont quelques uns remontent à 1115, 1140, 1150, 1180, 1340, 1472 : « Je suis fort aise, dit-il, de les bailler à toi, » mon lecteur, il y a de l'impudeur de vouloir démentir une » si vénérable antiquité. » — Mais, le zèle pieux ne suffit pas à l'historien; et nous louerons plus volontiers la bonne foi de l'auteur, que la sagacité de son jugement. La multiplicité des prodiges prévient contre eux; il importe de ne les admettre qu'avec la plus grande réserve : il faut d'ailleurs faire la part des temps et des hommes. En 1687, vingt-quatre ans seulement après la publication de l'Histoire de Corbin, Dom Innocent, prieur de la Grande-Chartreuse, a publié les Annales de l'ordre dans un style élégant et gracieux qui satisfait également la piété et la critique. Il rapporte les traditions anciennes, laisse à chacun la liberté de les apprécier, et montre que l'ordre n'a eu nul intérêt à les accréditer ou à les soutenir.

Lesueur les a traduites d'une manière si éloquente et si fidèle, qu'il a réuni tous les esprits et emporté tous les suffrages. — Qui de nous au Musée, en présence des tableaux de ce grand maitre, a songé à la critique ? Le spectateur ému frémit, comme frémirent autrefois les auditeurs de Massillon, et, sans autre prodige que celui de l'art, exprimant une grande vérité gravée dans nos cœurs, il est possible que ces tableaux et la magie des terribles paroles : « *Accusatus, judicatus, condemnatus*, » aient déterminé plus d'un pécheur à changer de vie et à préparer ainsi sa réponse au Souverain juge : *Responde mihi ?*

Dirai-je que ces chefs-d'œuvre eux-mêmes sont le fruit du repentir? Notre Raphaël ne put se consoler d'avoir triomphé dans ce qu'on appelle une affaire d'honneur, dans un duel ! il se retira chez les Chartreux qui lui prodiguèrent tous les secours de la piété et bientôt les témoignages de la reconnaissance et de l'amitié. Il mourut dans leurs bras, en 1655, après avoir achevé sa galerie et acquitté ainsi avec tant de gloire, la dette de l'hospitalité. Il n'avait que trente-huit ans !

En parcourant vos dessins on ne se bornera point, mon cher ami, à admirer le goût exquis de l'artiste, les torrents, les rochers, les routes escarpées, les arbres antiques et tant de vues délicieuses ou pittoresques qui saisissent à chaque instant le pèlerin de la Chartreuse ; on rendra justice au sentiment élevé qui vous a inspiré, et l'on interrogera les fastes de l'ordre pour y puiser des leçons utiles !

Le roc où Bruno posa son oratoire et la chapelle Notre-Dame de Casalibus (Pl. 23, 24), attestent le courage, la ferveur et l'humilité des solitaires qui vinrent affronter si haut l'intempérie des saisons et les besoins de tout genre : mais la croix qu'ils plantèrent les protégea, et son ombre fut si féconde, qu'après 699 ans ils comptaient, en 1783, deux cent soixante monastères en France, en Espagne, en Portugal, en Savòie, en Suisse, en Allemagne, dans les Pays-Bas, en Pologne, à Rome, à Naples, et dans presque toutes les parties de l'Italie, à Venise, en Toscane, en Piémont, à Gênes, sans que jamais aucun ait eu besoin de réforme : *Non reformati, quià nunquàm deformati.* — Aussi Dom Innocent, dans ses Annales, compare la satisfaction que lui procure l'examen des monuments de son ordre à celle d'un homme qui, creusant dans les tombeaux, découvre un corps intact et sans corruption après six cents ans de sépulture. *Suavissimâ admiratione corripiuntur, qui sepulchra effodientes, corpus à sexcentis annis inhumatum integrum adhùc reperiunt et incorruptum. Non minori autem me fateor suavitate affectum, amici et fratres in Christo dilectissimi, dùm attentè consideratis et revolutis ordinis nostri monumentis illum reperio semper eumdem.* L. I, c. 7, p. 26.

En 1090, la Grande-Chartreuse fut un moment veuve lorsque les compagnons de Bruno invinciblement attachés à ses pas le suivirent jusqu'à Rome, où l'appelaient les ordres de son ancien disciple le pape Urbain II. Accueillis avec bienveillance par le souverain pontife, ils ne tardèrent pas néanmoins à regretter leur solitude, et Bruno étant retenu par les graves circonstances où se trouvait alors l'Église, ses compagnons revinrent au désert sous la conduite de Laudouin qu'il leur donna pour chef.

L'année suivante, Bruno refusa avec une humilité réelle les témoignages de la satisfaction du pape et les honneurs de l'épiscopat; son unique désir était de rentrer à la Chartreuse : Urbain ne consentit pas à un tel éloignement, et lui permit seulement de fonder dans la Calabre le monastère *De la Torre*, qui devint bientôt, par les générosités du comte Roger, le second berceau de l'ordre : de là, il ne cessa de diriger ses enfants de la Grande Chartreuse. On aime à lire les paroles qu'il leur écrivait pour les féliciter, les encourager ou leur exprimer le désir de les voir et la crainte de leur déplaire. *Scitote quoniam mihi unicum, post Deum, est desiderium veniendi ad vos et videndi vos.* Il ajoute : « J'ai voulu retenir Laudouin à cause de mes infirmités graves et fréquentes, mais rien ne lui paraissant loin de vous, sain, agréable, vital, utile, il n'y a pas consenti protestant par une fontaine de larmes et par ses nombreux soupirs, combien il vous estime et avec quelle parfaite charité il vous affectionne tous. C'est pourquoi je n'ai point voulu user de contrainte afin de ne léser ni lui, ni vous qui m'êtes très-chers par vos vertus. »

On voit que la pénitence et la méditation des années éternelles n'affaiblissaient pas chez ces vénérables pères les sentiments de l'affection la plus tendre! Bruno ne put réaliser son désir de revoir la Grande-Chartreuse; il mourut à *la Torre*, le 6 octobre 1101. A l'approche de sa dernière heure, il se fit déposer sur la cendre bénie, répéta avec ferveur sa profession de foi, gage de ses espérances, et, après avoir embrassé ses disciples désolés, il expira. Léon X, en 1514, et Grégoire XIII, en 1623, ont permis d'honorer sa mémoire et de célébrer sa fête, fixée au 6 octobre.

Bruno ne laissa pas de régle; les principes de son ordre se

trouvent dans ses discours, dans ses lettres, dans ses exemples qui furent longtemps comme une loi vivante. Ses amis et lui se proposèrent de méditer les années écoulées, *recogitare annos suos*; de former leur intelligence et leur volonté, *benè intelligere*, *benè velle*; d'acquérir la sagesse et l'amour divin, *rectè sapere*, *rectè amare*. C'est la philosophie antique perfectionnée dans ses principes par l'Évangile et portée, dans la pratique, jusqu'aux limites de l'abnégation chrétienne.

Solitaires, leur silence est un hommage, leur amour un dévouement absolu, leur pénitence un martyre qui, suivant la pensée de Bossuet, purifie l'âme de ses faiblesses, comme la flamme dégage l'or d'un alliage impur.

Cénobites, ils se soumettent à une direction commune, afin de prévenir les écarts de la volonté, de s'encourager par le bon exemple et de se rendre dans le besoin tous les secours de la charité.

Guigues, cinquième supérieur, rédigea en 1128, sur les instances de l'évêque de Grenoble et des Prieurs des autres monastères de l'ordre, les coutumes de la Grande-Chartreuse pour servir de statuts. Ils déterminent l'ordre et la durée des offices, le temps et la rigueur des jeûnes, la loi de l'abstinence, les devoirs des religieux, les règles de l'hospitalité, les conditions du noviciat, les soins dus aux malades, les honneurs à rendre aux morts. Le dernier chapitre consacré à la solitude fait ressortir les avantages de la retraite par les exemples des patriarches, des prophètes et de Jésus lui-même s'écartant de ses disciples pour prier. « C'est le chant du cygne, » a dit Dom Innocent.

Guigues habitait le cloître et les cellules bâtis par les soins de Bruno et de saint Hugues ; il eut la douleur de les voir détruits, le 30 janvier 1135, par une avalanche sous laquelle six religieux et un novice périrent. Il ne resta qu'une cellule et la chapelle dite depuis Notre-Dame *de Casalibus*, en mémoire des premières retraites et de ce triste événement (Pl. 23). Pour prévenir le retour d'un tel malheur, Guigues fit réédifier le monastère un quart de lieue plus bas : il fit ajouter à la Correrie ou maison inférieure (Pl. 32), située à moitié chemin de la porte du Sapey, un cloître et une église, et fut appelé à double titre le second fondateur. Dom Hugues succéda à Guigues et eut lui-même pour successeur Saint Anthelme qui, nommé plus tard Prieur de la Chartreuse De-Porte, fit donner aux autres monastères de l'ordre et aux pauvres, les provisions extraordinaires, des ornements même d'église, et tout ce qui lui parut contraire à l'esprit de pauvreté. Cet exemple souvent cité a servi de base à plusieurs statuts, notamment à celui du Chapitre général de 1679. Il défend aux monastères riches d'acquérir et leur prescrit d'offrir le superflu aux monastères pauvres. Les Chartreux ne se proposaient pas néanmoins la pauvreté comme quelques ordres ; ils cherchaient à éviter également les besoins ou l'abondance et rendaient les Prieurs et les Visiteurs responsables de cette modération. *Priorum et visitatorum conscientiam oneramus.*

En 1279, sous le généralat de Dom Riffier, l'ordre comptait déjà cinquante-six monastères. Dom Riffier publia la première collection des statuts des chapitres généraux. Les supérieurs

Dom Raynaldy, Griffomont, François Dupuis et Bernard, suivirent cet exemple en 1368, 1410, 1509, 1581.

Dom Innocent réunit dans ses Annales les statuts de Guigues et les principaux textes des collections postérieures; il les accompagna d'un commentaire, véritable chef-d'œuvre aussi substantiel qu'agréable. Il a été approuvé par le pape Innocent XI le 27 mars 1688.

Les incendies non moins terribles que les avalanches ont consumé, ou ravagé huit fois le monastère de 1320 à 1676, époque de sa dernière reconstruction sous le supérieur Le Masson.

« La noble simplicité de ses bâtiments (dit l'auteur du poëme » de *Charles Martel*, M. Dupré de Loire, dans son voyage à la » Grande-Chartreuse), l'élégante variété de ses combles, de » ses dômes, de ses clochers, la hardiesse de sa construction » sur une pente rapide où la moindre cabane trouverait à peine » à se placer, la verdure de ses prés, le silence de ses bois, une » population nombreuse renouvelée sous les auspices de la » religion et de la pénitence, tout ce qui vous entoure, et jus- » qu'au son éloigné de la cloche argentine, porte à votre cœur » un trouble involontaire dont il ne peut se défendre et au- » quel il s'abandonne avec une délicieuse volupté » (Pl. 16, 25, 31.)

Ce trouble, cette émotion religieuse du poëte, sont approuvés par la raison comme par la piété, surtout si on compare cette description à celle de saint Hugues, lorsque, cédant à la prière de Bruno, il lui dit :

« Il y a dans les dépendances de Chartreuse, entre les plus » hautes montagnes que vous apercevez, à dix milles environ de » la ville, une étendue assez vaste, presque inconnue des hom- » mes, fréquentée seulement des bêtes féroces, entourée de » rochers, couverte de neige la plus grande partie de l'année, » si escarpée et si stérile qu'on n'y peut rien semer ou récolter. » Les eaux des montagnes des environs forment en se réunissant » un torrent qui roule avec grand bruit et qu'on appelle » Guyer-Mort, comme étant l'image de la mort même. L'ap- » proche en est rude et pénible; l'entrée sous deux rochers qui » s'élèvent en ligne droite et semblent se joindre ensuite par » leur sommet, inspire autant de crainte que d'horreur. Il est » difficile que, sans un don de Dieu auquel rien n'est im- » possible, des hommes puissent se fixer en ce lieu. » (Pl. 26, 27, 28, 29, 34.)

Ce don de Dieu fut accordé : Hugues lui-même se plaisait tant au milieu des solitaires, que Bruno, devenu son conseil, était quelquefois obligé de lui rappeler les devoirs du pasteur : *Ite ad oves vestras.*

Comment ce changement prodigieux s'est-il opéré? Quelques faibles cabanes de bois sont élevées aux pieds du grand Somm, à une heure de l'entrée du désert déjà si horrible. On abat les arbres des environs, on triomphe de l'aspérité du terrain; vains efforts! les avalanches, les incendies détruisent tout. Les communications très-difficiles par la montagne du Sapey, semblent impossibles par Saint-Laurent; le roc creusé en voûte cède, ou reçoit sur ses flancs d'énormes massifs. (Pl. 8.) Des moulins, des scieries, des forges, des fabriques d'étoffes qui suffisent à presque tous les besoins du monastère, sont mus par les eaux du Guyer amenées captives dans de longs tuyaux de bois. (Pl. 3, 4, 5, 6.)

La porte de Fourvoirie, le pont Pérant, le fort de l'Œillette au rocher pyramidal défendent l'entrée vers Saint-Laurent comme la porte du Sapey la défend, à l'extrémité opposée, vers les sites délicieux de Valombrey et de Charman-Somm. (Pl. 6, 10, 11, 12, 13.) On établit une presse dans les bâtiments de la Correrie et les Annales de dom Innocent y sont imprimées, en 1687, avec un succès digne de nos plus habiles typographes. Quel contraste n'offrent pas la rapide perfection des presses et la lenteur des manuscrits, première industrie des pères! (Pl. 14, 32.)

Dans ces ateliers on élevait, chaque année, douze enfants pauvres des vallées voisines : leur éducation religieuse et leur apprentissage étaient également surveillés. On leur réservait un petit pécule pour fournir plus tard à leur établissement. Les voyageurs remarquent encore dans les habitants des environs des mœurs et des habitudes moins rudes qu'on ne les attendrait de pauvres montagnards. Il est vraisemblable que les douze apprentis des Chartreux ont contribué puissamment à ce résultat. Les bonnes traditions une fois établies passent d'âge en âge ; elles font sentir l'utilité de donner aux enfants le goût du travail et une instruction solide appropriée à leurs besoins.

Ainsi, défrichements, routes, fabriques, imprimeries, constructions immenses, école religieuse, école des arts et métiers nous trouvons tout dans ce désert : quel modèle de colonisation et de persévérance !

Parcourons maintenant le monastère. La porte s'ouvre, et, sans questions inutiles, le frère vous reçoit au nom du Seigneur ; le cœur dicte la réponse : « Grâces lui soient rendues ! »

On salue, en passant, les eaux de la fontaine qui, suivant la tradition, jaillit autrefois comme du rocher d'Horeb à la prière de Bruno et que les solitaires, après la chute du premier monastère, conduisirent à travers le désert jusqu'à leur nouvelle demeure. Elle suffit à leurs besoins et son murmure semble vouloir se joindre à l'*Ave* du pèlerin. (Pl. 16, 24.)

On arrive aux grands bâtiments : un corridor de 381 pieds communique aux diverses parties du monastère et d'abord, à quatre grands pavillons, dits de Bourgogne, d'Aquitaine, d'Allemagne et d'Italie, destinés autrefois aux prieurs qui se rendaient au Chapitre général, et maintenant aux étrangers.

Viennent ensuite la chapelle des frères ou de famille, et l'église où, chaque nuit, durant trois heures, les religieux invoquent le Seigneur ! La cloche qui les appelle éveille quelquefois l'étranger, il sort de sa couche pour joindre sa voix au chant majestueux des pères !

Les cellules des officiers d'un côté, le réfectoire et ses dépendances de l'autre, terminent cette longue allée, au fond de laquelle sont la demeure du supérieur général et la bibliothèque riche jadis de précieux manuscrits et qui possède encore six mille volumes. On demande avec curiosité les albums dont les précieux autographes attestent l'admiration ou la piété des philosophes, des artistes, des poëtes qui visitèrent les pères : on regrette l'absence des plus anciens de ces livres, et on lit avec intérêt dans le dernier, les noms de Gérard, Montgolfier, le père Mandar, Ducis, Choiseul, Alexis de Noailles, Canning, Bérenger, De Lamartine. Rousseau écrivit *ô altitudo* ! et ailleurs : « J'ai trouvé dans ce désert des plantes rares et de « plus rares vertus ! »

A l'étage supérieur, une galerie ornée des plans et perspectives des divers monastères précède la salle capitulaire, où sont, par ordre de date et de grandeur naturelle, tous les portraits des supérieurs de l'ordre, et, au-dessous, une belle copie des tableaux de Lesueur.

Des corridors secondaires aboutissent au cloître, dont une partie commencée au douzième siècle, fut achevée dans le quinzième par les libéralités de Marguerite, duchesse de Bourgogne. C'est un carré long de 1,490 pieds de circuit, éclairé par cent trente fenêtres (Pl. 20). Dans le centre, sont la chapelle des morts et le lieu où reposent les cendres des pères (Pl. 18). Guiques y fit religieusement transférer les ossements des premiers solitaires ; des croix spéciales marquaient les tombes des supérieurs et formaient, avec les portraits de la salle capitulaire, une imposante chronologie de l'ordre ! On regrette vivement ces modestes et pieux souvenirs que le temps respectait, sous la garde des Religieux, et qui ont été renversés ou détruits durant leur absence.

Depuis leur retour, les Chartreux ont rétabli quelques uns de ces monuments dont l'aspect rend, mon cher ami, le tableau de votre dernière visite au cimetière si touchant. On croit respirer un parfum de sainteté qui repose le cœur d'une émotion pénible (Pl. 21). J'aperçois la croix de la tombe du vénérable Dom Moyssonnier de Lyon; chassé au mois d'octobre 1792, de la Chartreuse de Sylvebénite, dont il était supérieur, il se retira en Suisse, au monastère de La-Part-Dieu, seule maison de l'ordre qui ne fût point supprimée, et où il fut élu vicaire général de l'ordre. Après vingt-quatre ans d'attente et cinquante ans de profession, il obtint, le 27 avril 1816, une ordonnance de Louis XVIII qui autorisa la rentrée des solitaires à la Grande-Chartreuse. Il s'y fit porter en litière, malgré son grand âge et ses infirmités; trois disciples en habit régulier, précédés d'une croix de bois, vinrent se prosterner humblement devant leur général, à la porte du monastère : le vieillard les bénit, on chanta les cantiques d'actions de grâces, et le vénérable prieur fut conduit en triomphe, au milieu des populations d'alentour, dans l'appartement des généraux de l'ordre : onze jours après il mourut en louant, comme Siméon, le Seigneur d'avoir comblé ses vœux !

Le grand cloître est entouré de trente-six cellules uniformes, composées d'un oratoire, d'une chambre, d'un cabinet d'étude, avec atelier au-dessous et jardin qui les sépare. C'est là que les pères accomplissent leurs vœux de charité, de pénitence et d'humilité, en se livrant à des exercices partagés avec mesure entre les chants du chœur, l'étude, la prière et le travail des mains. (Pl. 19.)

Leur renoncement aux biens de la terre est sans réserve : ils opposent à l'amertume de l'abnégation le baume de la grâce céleste par lequel, suivant leur langage, ce qui est pénible commence par devenir moins difficile et finit par se changer en délices de l'âme. Ils regardent l'obéissance comme la source de tous biens et la préservatrice de l'erreur. Elle ne leur permet de faire ni plus, ni moins, ni autrement qu'il est ordonné.

L'humilité ressort de l'abnégation et de l'obéissance; ils la pratiquent dans ce qui paraît le plus difficile à nos susceptibilités orgueilleuses; ils s'accusent eux-mêmes au chapitre des coulpes des manquements à la régle et se prosternent à terre en signe d'expiation. Dans ce tribunal de famille, les omissions connues étaient autrefois révélées par les frères au nom de la charité, et tout accusé demandait miséricorde, sans se permettre un simple signe de contradiction, lors même qu'il se croyait innocent. La prudence a fait supprimer ces accusations réciproques, que les Trappistes conservent encore, en priant dans le jour pour celui qui les a ainsi avertis au nom du Seigneur.

Après les principes fondamentaux, la règle tend à ne point dépasser dans la pratique les bornes des forces humaines; elle défend d'ajouter à la rigueur des jeûnes, ou d'abréger les heures des récréations; elle blâme les apparences austères et les résolutions exagérées qu'elle compare aux feux lancés dans les airs. On a dit de Bruno :

Semper erat festo vultu, sermone modesto.

« Son visage était riant, son discours modeste. » La plupart de ses disciples méritent le même éloge. Leur solitude est tempérée chaque jour par les offices divins et deux fois la semaine, par un repas commun; ils ont, en outre, une promenade par semaine, durant laquelle ils se livrent aux charmes des entretiens. Souvent ils dirigent leurs pas vers la chapelle et la fontaine Saint-Bruno : parvenus au but, groupés sous les noirs sapins dont les hautes tiges et les branches croisées semblent former les colonnes et la voûte d'un vaste portique, ils apparaissent avec leurs robes comme des sages de l'antiquité. Le voyageur qui les aperçoit s'écarte par respect, en se livrant aux illusions des souvenirs classiques embellis par la piété. (Pl. 24.)

Les longues veilles de la nuit sont rachetées par d'autres heures consacrées au sommeil. Leur nourriture sans aliments gras ne les empêche pas d'atteindre et de dépasser les bornes ordinaires de la vie : leurs annales citent un grand nombre d'octogénaires et même des centenaires.

Les maladies plus rares qu'ailleurs sont supportées avec résignation, au milieu des prévenances et des encouragements des frères. Si la mort approche, tous rangés autour du malade tempèrent par leur présence les dernières douleurs; les prières, les sacrements, la foi et l'espérance montrent au mourant le but vers lequel il avait si longtemps soupiré! Un frère du cardinal de Richelieu étant très-malade, regrettait vivement ces consolations; de Chartreux il était devenu archevêque de Lyon; ses amis, pour le distraire, reportaient ses souvénirs sur la carrière qu'il avait parcourue, il répondit : « Il a été plus beau de vivre archevêque, il serait plus doux de mourir Chartreux. » Ces paroles sont un hommage à la règle et attestent les sentiments ordinaires des Religieux. N'exagérons rien pourtant : si les fonctions publiques et surtout les fonctions pastorales sont environnées de dangers, Dieu, dans sa justice infinie voit tout, pèse tout, et la mort d'un Fénélon, d'un Belzunce ou d'un Cheverus, pour citer des exemples voisins de nous, sans parler des saints que l'Église vénère, n'est pas moins digne d'envie que celle du plus parfait anachorète!

Nous ne pouvons terminer sans chercher à nous rendre compte en peu de mots de l'organisation des monastères, de la forme et des attributions du Chapitre général.

Le chef de chaque monastère se nomme prieur; celui de la Grande-Chartreuse est en outre supérieur général de l'ordre. Le prieur nomme les officiers de la maison et veille à tout, en s'occupant principalement de la direction spirituelle; père commun de ses frères, dépositaire nécessaire de leur confiance, il leur doit également ses soins et son cœur; il les soutient, les console ou les encourage et arrête au besoin les écarts de l'imagination ou les excès de zèle. Il est aidé dans ces devoirs par un vicaire ou sous-prieur.

Le procureur est chargé de l'administration temporelle. Il a sous sa direction les frères convers, laïcs ou donnés, parmi lesquels sont choisis les chefs de l'agriculture et des troupeaux.

Autrefois, le procureur et les frères habitaient des bâtiments séparés des monastères, tels que ceux de la Correrie (Pl. 32) : ils y recevaient les étrangers et donnaient les aumônes. Ces établissements distincts avaient eu pour but de conserver la solitude des pères et l'exactitude de la règle. On reconnut plus tard l'avantage de réunir dans le même lieu tous les membres des communautés afin d'ajouter à l'édification générale.

Lorsque le nombre des monastères l'exigea, on nomma deux visiteurs : ils se rendaient dans les divers établissements, examinaient tout sous les rapports spirituel et temporel, entraient dans les cellules, interrogeaient les pères et recevaient les observations que chaque religieux est autorisé à faire dans l'intérêt de l'ordre.

Les offices ne donnaient et ne donnent encore aucun privilége : « L'esprit de notre ordre, ont écrit les supérieurs » Guigues et Innocent, est de vivre dans l'humilité et la cha- » rité. Les prieurs ne doivent rien s'attribuer ni dans les » titres, ni dans les choses qui les distingue des autres pères, » soit qu'il s'agisse de nourriture, de vêtements ou d'ameu- » blement. Le supérieur général lui-même ne porte aucun » signe qui révèle sa dignité. »

Les prieurs et les visiteurs se rendaient de toutes les parties de l'Europe à la Grande-Chartreuse pour former le Chapitre général. Au jour fixé, après les prières d'usage, on nommait un chancelier, deux assesseurs, un greffier, trois référendaires.

Le supérieur et cinq prieurs, chaque année à tour de rôle, en commençant par les prieurs des monastères les plus anciens, choisissaient six électeurs. Ces électeurs et le supérieur élisaient au scrutin secret, à la majorité des suffrages, huit définiteurs pris parmi les membres du Chapitre ou les pères de la Grande-Chartreuse. Les statuts défendent toute cabale dans les élections et recommandent d'élire les plus dignes.

Le supérieur et les définiteurs ainsi nommés, étaient revêtus de tous les pouvoirs du Chapitre : ils faisaient des règlements ou statuts, exécutoires immédiatement pour tous, à moins qu'il s'agît de tempérer les rigueurs de la règle. Dans ce cas, ils se bornaient à faire une proposition que les deux Chapitres suivants et la Communauté de la Grande-Chartreuse devaient approuver. On ne pouvait être deux années consécutives définiteur ou électeur ; ces derniers étaient nommés chaque année par d'autres prieurs, de sorte que l'arrêté de confirmation émanant nécessairement d'autres personnes, garantissait un nouvel examen et le maintien de la sévérité de la règle.

Lorsque les définiteurs avaient rempli leur mission, ils en faisaient connaître le résultat en assemblée générale du Chapitre. Avant la lecture, le supérieur et les prieurs demandaient MISÉRICORDE, c'est-à-dire le pardon de leurs fautes et la décharge de leur emploi. Si l'un d'eux était convaincu d'avoir manifestement violé les statuts, il devait la proclamer devant le Chapitre dont il était exclu les verges à la main, les épaules découvertes et les pieds nuds. Après la lecture des arrêtés des définiteurs, le supérieur et les prieurs prosternés à terre, promettaient successivement, tant en leur nom qu'en celui des membres de leur monastère, de se conformer exactement à la règle et en particulier aux décisions du Chapitre.

Depuis le retour des Chartreux, la règle a repris son empire, sauf, quant aux officiers et membres du Chapitre général, les modifications exigées par le petit nombre de monastères existants. Le Chapitre général, qui ne s'était pas tenu en France depuis 1789, a pu se réunir, pour la première fois, en 1837, et aura lieu, à l'avenir, tous les deux ans.

On voit que le Gouvernement représentatif régnait avec toute sa pureté dans le cloître, lorsque la féodalité du moyen-âge pesait encore sur la France. Les ordres religieux furent supprimés au nom de la Liberté; mais, il faut le reconnaître, ils ont souffert des querelles des Rois et de la pénurie des finances, beaucoup plus que des sentiments de réprobation qu'on pourrait croire qu'ils avaient inspirés.

On a reproché aux Chartreux, dit Dom Innocent, de ne pas se rendre utiles à l'exemple des ordres consacrés à l'instruction ou au soulagement des pauvres. Il répond : « Les vocations sont différentes suivant les dons du Seigneur. Regarde-t-on dans le monde comme inutiles les académies dont les membres, sans vaquer à des travaux matériels, les préparent par des découvertes que d'autres mettent ensuite en pratique; nos monastères sont des académies où l'on apprend la théorie et la pratique de la guerre spirituelle. Ce sont des hospices où sont accueillis et traités gratuitement les malades qui ont reçu les blessures du péché ou qui redoutent les dangers du monde. »

Les premiers Chartreux trouvaient dans les copies des manuscrits une industrie utile. Leurs successeurs, pauvres comme aux premiers jours, car ils ne jouissent de l'enclos de la Grande-Chartreuse et de quelques pacages des environs, qu'à titre de bail, moyennant un loyer annuel de 1,500 f. payés à l'État, auraient besoin de quelque occupation fructueuse. Les Trappistes travaillent la terre sept heures par jour. Leur enclos de Soligny près Mortagne est devenu une ferme modèle; il suffit aux dépenses de la communauté et en grande partie aux charges de l'hospitalité qu'ils donnent, comme les Chartreux, si gracieusement. Le vénérable abbé successeur de Rancé, aussi distingué par sa piété que par ses lumières et son amabilité, a reçu d'office, il y a deux ans, le brevet de membre correspondant de la société d'agriculture de Paris.

Nous n'entendons point assimiler deux ordres différents, nous hasardons seulement une idée née du désir d'épargner aux Chartreux le reproche auquel dom Innocent crut devoir répondre, et que l'activité de notre âge pourrait faire renouveler.

D'ailleurs, l'organisation de l'ordre et les pouvoirs des Chapitres généraux ont toujours su adopter, sans altération réelle de la règle, les modifications commandées par les temps.

Quoi qu'il en soit, la Chartreuse de Blosserville dans la Meurthe, et celle de Valbonne, près le Pont-Saint-Esprit (Gard), sortent de leurs ruines comme la Chartreuse de l'Isère. Les Chartreux et les Trappistes offrent ainsi des asiles à ceux qui veulent se consacrer à la prière et à la pénitence.

Nous sommes loin d'approuver les abus. Nous n'oublions pas que le Concile de Latran, en 1215, défendit d'inventer des ordres nouveaux, et que saint Benoit pensait que les monastères des divers ordres ne devaient pas être accumulés dans les mêmes localités, un seul lui paraissant suffire dans la plupart des lieux.

L'homme doit avant tout remplir les devoirs que l'État et la famille réclament. Il est beau de servir sa patrie; il est juste que celui dont l'enfance et l'adolescence ont été l'objet de tant de soins et ont causé aux parents tant d'alarmes se réserve le bonheur de soigner leur vieillesse, de fermer, s'il le faut, leurs paupières et de pleurer sur leurs tombes! Malheur à nous si nous voulions détourner quelqu'un d'une tâche si chère!

Mais si ces devoirs sont remplis, si une vocation prononcée appelle un jeune lévite aux pieds des autels, ou si des malheurs y ramènent l'homme égaré, quel spectacle de les voir se proposer la perfection évangélique, adopter avec amour des règles sévères et proclamer avec le prophète, du milieu des austérités, que rien n'égale les délices des tabernacles du Seigneur!

Et nous, gens du monde, entraînés, mon cher ami, par le torrent des affaires dont quelques unes sont si petites et si mesquines, ne pourrions-nous pas être *solitaires* et *cénobites*, rentrer quelquefois en nous-mêmes pour apprendre à remplir avec plus d'énergie nos devoirs, et à porter dans la société, non l'austérité que les Pères eux-mêmes condamnent dans le cloître, *quæ austeritatem redolent*, mais la sainte gaîté des enfants de Dieu? elle repose l'esprit, inspire la confiance et contribue puissamment à faire naître ou à resserrer les liens de la plus douce sympathie! Ne pourrions-nous pas pratiquer une petite partie de l'abnégation, de l'humilité des Pères, et apprendre de leur silence à retrancher les paroles superflues, *superflua verba exsecamus?*

Consignons sur notre album du désert quelques unes de ces résolutions généreuses, et dans le besoin, nous tournerons avec succès nos regards vers la montagne d'où nous viendra le secours, *in montem undè veniet auxilium mihi!* Apprenons si nous sommes riches à ne pas nous laisser dominer par la fortune; à répandre dans le sein des pauvres ce qui n'est pas rigoureusement nécessaire: et si l'adversité nous éprouve, si les affections les plus légitimes sont alarmées, fixons, mon cher ami, nos yeux sur cette devise des Chartreux, « Tout passe, hors la croix! » mais, vous le savez, l'amitié ne passe pas : en vain le temps la presse, elle reste fixe sur le rivage, parce qu'elle est l'union des âmes, non-seulement sur cette terre, mais dans la patrie immortelle qui nous a été conquise par le Christ.

Stat crux dùm volvitur orbis!

C***.

ITINÉRAIRE DE GRENOBLE A LA GRANDE-CHARTREUSE,

PAR SAINT-LAURENT-DU-PONT ET PAR LE SAPEY.

Route par Voreppe et Saint-Laurent-du-Pont, ouverte en 1695, 7 lieues de distance, 8 heures de marche.

De Grenoble à Voreppe........................ 3 lieues.
De Voreppe à la Placette........................ 1 lieue.
De la Placette à Saint-Laurent-du-Pont............. 1 l. 3/4
De Saint-Laurent-du-Pont, on longe le Guyer-Mort jusqu'à Fourvoirie, entrée du désert............... 1/2 lieue.
De la porte de Fourvoirie au Pont-Perant............ 3/4 de l.

Bientôt on trouve les restes d'un petit fort construit pour s'opposer aux incursions du contrebandier Mandrin et le rocher pyramidal appelé l'Œillette.

Un moment après, le chemin tourne rapidement à gauche et on arrive à la Croix-Verte. Enfin, après avoir gravi une demi-heure la montagne, dans une forêt de hêtres et de sapins, on aperçoit les premiers bâtiments de la Grande-Chartreuse.

Route par le Sapey, 5 lieues ¹/₄ de distance, 7 heures de marche.

On sort de Grenoble par la Tronche ; on prend le chemin de Montfleury ; on joint le torrent de la Vence qu'on remonte jusqu'au village du Sapey.................................. 2 lieues.

Du Sapey à la forêt des Portes...................... ³/₄ de l.

De la forêt des Portes au hameau de Cottaves ...... ³/₄ de l.

La route alors descend et traverse la plaine ; elle passe entre le Grand-Logis (ancienne dépendance de la Chartreuse) et la chapelle Saint-Hugues ; elle devient ici fort rapide et conduit en un moment à l'entrée du désert : dans la vallée comprise entre la forêt des Portes et cette entrée est le village de Chartreuse qui a donné son nom au Monastère. Ce fut là le chemin que saint Bruno suivit pour se rendre au désert en 1084.

A. HENRY, Imprimeur, rue Git-le-Cœur, 8.

Grande-Chartreuse.

Dess. d'après nature et lith. par Champin

Imp. de Lemercier, Benard et Cie

Chapelle et fontaine St. Bruno.

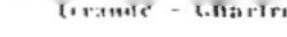

Dessiné d'après nature et lith. par Champin.

Imp. de Lemercier, Benard et Cie.

La Correrie

Dessiné d'après nature et lith. par Champin | Imp. de Lemercier, Benard et Cie

Le vieux cloître

Grande Chartreuse

dess d'après nature et lith par Champin

Imp. de Lemercier, Benard et Cie

Entrée du Monastère.

STAT CRUX DUM VOLVITUR ORBIS

La porte du repos

www.ingramcontent.com/pod-product-compliance
Lightning Source LLC
LaVergne TN
LVHW020245230826
846091LV00006B/2255

9782011309198